BEI GRIN MACHT SICH IHR WISSEN BEZAHLT

- Wir veröffentlichen Ihre Hausarbeit,
  Bachelor- und Masterarbeit

- Ihr eigenes eBook und Buch -
  weltweit in allen wichtigen Shops

- Verdienen Sie an jedem Verkauf

Jetzt bei www.GRIN.com hochladen und kostenlos publizieren

Bibliografische Information der Deutschen Nationalbibliothek:

Die Deutsche Bibliothek verzeichnet diese Publikation in der Deutschen National-
bibliografie; detaillierte bibliografische Daten sind im Internet über http://dnb.d-
nb.de/ abrufbar.

Impressum:

Copyright © 2017 GRIN Verlag
Druck und Bindung: Books on Demand GmbH, Norderstedt Germany
ISBN: 9783346181145

Dieses Buch bei GRIN:

https://www.grin.com/document/593480

Michael Lindner

Professionalität in der Weiterbildungsgesellschaft

GRIN Verlag

GRIN - Your knowledge has value

Der GRIN Verlag publiziert seit 1998 wissenschaftliche Arbeiten von Studenten, Hochschullehrern und anderen Akademikern als eBook und gedrucktes Buch. Die Verlagswebsite www.grin.com ist die ideale Plattform zur Veröffentlichung von Hausarbeiten, Abschlussarbeiten, wissenschaftlichen Aufsätzen, Dissertationen und Fachbüchern.

Besuchen Sie uns im Internet:

http://www.grin.com/

http://www.facebook.com/grincom

http://www.twitter.com/grin_com

Technische Universität Kaiserslautern

Distance And Independent Studies Center (DISC)

Fernstudium „Erwachsenenbildung"

Einsendeaufgaben zum Modul EB 0200 „Professionalität in der Weiterbildungsgesellschaft"

Einsendeaufgabe 1

Anhand eines Beispiels soll erläutert werden, auf welche Kriterien eine kompetenzorientierte Gestaltung von Prüfung(en) und Zertifizierungen besonders achten sollte.

Lösung

War es lange Zeit eine input-orientierte Sichtweise, die von Weiterbildungen verfolgt wurde, in dem in Lehrplänen festgeschrieben wurde, welche konkreten Inhalte im Unterricht zu behandeln sind, die am Ende in Form von Wissenskenntnissen abgefragt wurden, haben inzwischen veränderte Gesellschaftsstrukturen und Bildungsreformen dazu geführt, dass wichtiger ist, was jemand weiß, versteht und in der Lage ist zu tun. Der Fokus der berufs- und erwachsenenpädagogischen Debatten liegt also mehr auf der output-orientierten Betrachtungsweise, also auf den Kompetenzen.

Kompetenzen werden verstanden als die Fähigkeit und Bereitschaft des Einzelnen, Kenntnisse und Fertigkeiten sowie persönliche, soziale und methodische Fähigkeiten zu nutzen und sich durchdacht sowie individuell und sozial verantwortlich zu verhalten. Der European Qualification Framework (EQF) definiert „Kompetenz" als „Fähigkeit zur Übernahme von Verantwortung und Selbständigkeit bei der Lösung (fachlicher) Probleme".[1] Bei beiden Definitionen wird explizit die ausschließliche und repetitive Wiedergabe von gelerntem Wissen ausgeschlossen. Um nicht nur gelerntes Wissen, sondern letztlich auch angeeignete Kompetenzen nachweisen zu können, müssen (aufgrund der unauflösbaren Wechselwirkung zwischen Unterricht und Prüfung/Zertifizierung) entsprechende Prüfungsverfahren zum Einsatz kommen. Professionelle Gesamtlernprozesse benötigen also zweierlei: „Eine Didaktik des kompetenzbildenden Lernens und eine Prüfungsstrategie, die tatsächlich hält, was man sich von ihr verspricht: Sie erfasst Kompetenzen und keine flüchtigen Wissensbestandteile."[2]

Bei entsprechenden Prüfungsverfahren ist grundsätzlich zu beachten, dass sich die zu bewältigenden Prüfungssituationen am gelernten Inhalt orientieren und darauf abgestimmt sind. Nur so kann festgestellt und abgeglichen werden, ob die zu erwerbenden Kompetenzen (in Anwendung auf eine konkrete praktische Situation) auch wirklich gelernt wurden. In einer Prüfungskonstellation sind die Prüflinge also mit tatsächlich kompetenzrelevanten Aufgaben zu konfrontieren, die den Kriterien einer vollständigen Aufgabenlösung entsprechen.

In Anlehnung an die LENA-Strategie (die von den Wirtschaftsförderungs-Instituten in Österreich (WIFI) eingesetzt wird) ist hier die „Kompetenzorientierte Diagnose und Zer-

---

[1] Arnold, Rolf, „Weiterlernen als Lebensform - Zwischen Entgrenzung und Emotionalität", Seite 18.
[2] Arnold, Rolf, „Weiterlernen als Lebensform - Zwischen Entgrenzung und Emotionalität", Seite 18.

tifizierung" (KODIZ) als kompetenzorientierte Prüfungsdidaktik zu nennen. Die im Lernmodell LENA zugrunde gelegten fünf Handlungsdimensionen lassen sich auf das Prüfungsmodell KODIZ anwenden, für das entsprechende Folgerungen und Vorüberlegungen abgeleitet werden müssen.

Diese fünf Elemente bzw. Handlungsdimensionen sind: selbstgesteuert, produktiv, aktiv, situativ und sozial.

Bei der **Selbststeuerung** ist in einer an KODIZ orientierten Prüfung die Planung, die Initiative und die Prozessgestaltung des Prüflings zu bewerten. Bei der Aufgaben- bzw. Situationsgestaltung ist darauf zu achten, dass dem Kandidaten genügend Raum gelassen wird, eigene Lösungen und Überlegungen einzubringen. Je mehr Spielraum er dabei hat, desto umfangreicher kann er seine Kompetenzen auch einbringen.

Die **Produktivität** ist direkt output-orientiert. Das heißt, die erarbeiteten Ergebnisse können quantitativ und/oder qualitativ bewertet werden. Der Lösungsweg ist hier von untergeordneter Bedeutung. Die Leitfrage bei der Gestaltung einer Prüfungssituation nach KODIZ ist hier: Welche komplexen Bearbeitungen und Gestaltungen können während der Prüfungssituation beobachtet werden und wie lassen sie sich einschätzen?

Die dritte Handlungsdimension ist die **Aktivität** des Prüflings. Kompetentes Handeln zeigt sich hier vorwiegend in seinem proaktiven oder reaktiven Handeln. Wird der Kandidat durch die zu bewältigende Situation herausgefordert oder nicht und wie reagiert er darauf? Bei der Erstellung einer Prüfungsaufgabe ist im Vorfeld zu überlegen, **wie** sich Prüflinge in dem Zusammenhang überhaupt aktivieren lassen.

In der **situativen** Handlungsdimension zeigt sich das Problemverständnis des Prüflings für die Gesamtsituation. Ob er diese sachgemäß und angemessen interpretiert und darauf entsprechend reagiert. Im Vorfeld ist hier zu bedenken, welche Kompetenzen geprüft werden sollen und wie sie in die situierte Aufgabe integriert werden können.

Soziales Handeln bzw. die Kompetenz hierzu zeigt sich in der Art und Weise, wie und ob der Kandidat kooperative und vernetzte Arbeitsweisen anwendet oder ob er ausschließlich alleine agiert. Nutzt er die vorhandenen Potenziale von anderen Personen und zieht er Vorteile bei seinem Vorgehen aus wechselseitiger Unterstützung? Die prüfungsorientierte Fragestellung muss hier lauten: Wie genau kann diese Kompetenz in der vorliegenden Prüfungsaufgabe eingeschätzt und beobachtet werden?[3]

---

[3] vgl. Arnold, Rolf, „Weiterlernen als Lebensform - Zwischen Entgrenzung und Emotionalität", Seite 19-20.

Am Beispiel der Ausbildung von Flugbegleitern lässt sich diese Art der Prüfung gut veranschaulichen. In einer praktischen Situation soll die Rettung bzw. Evakuierung von Fluggästen aus einem notgelandeten Flugzeug durchgeführt werden. Die entsprechenden Kriterien für eine Prüfung sehen dann wie folgt aus:

Selbstgesteuert

In der praktisch durchgeführten Prüfung des o.g. Beispiels soll die von der bestehenden Situation ausgehende Gefahr vom Prüfling richtig beurteilt werden. Nach der erfolgten Einschätzung der Situation sind anschließend die vorgegebenen standardisierten Notfallverfahrensweisen (SOP) umzusetzen. Dabei sollen die richtigen Einsatzmittel zur Eigensicherung und zum Schutz der Passagiere selbst ausgewählt werden.

Produktiv

In der beispielhaften Prüfungssituation ist bei dieser output-orientierten Handlungsdimensionen auf die zeitoptimierte Umsetzung zu achten. Je schneller aber auch je kontrollierter und strukturierter die Evakuierung abläuft, desto höher die Überlebenschancen der Passagiere und desto besser ist auch der Outcome der gestellten Aufgabe.

Aktiv

Hier ist die Initiative zum Handeln vom Flugbegleiter (Prüfling) selbst aktiv auszugehen. Es wird von ihm erwartet, dass er alle notwendigen Maßnahmen zur Evakuierung für seien Bereich selbst aktiv einleitet und durchführt.

Situativ

Der zu prüfende Flugbegleiter soll zunächst unter Berücksichtigung der Gesamtsituation seine Eigensituation richtig beurteilen und für seinen Bereich die entsprechenden Evakuierungsmaßnahmen einleiten.

Sozial

Hier soll beurteilt werden, ob der Prüfling situationsangemessen weitere Helfer (Passagiere/Kollegen) aktiviert, um in einer sinnvollen Zusammenarbeit mit diesen Personen und den entstehenden Synergieeffekten eine erfolgreichere Bewältigung der Situation zu erzielen. Durch klare und deutliche Absprachen kann die effektive Nutzung aller verfügbaren Ressourcen zur Evakuierung am ehesten gewährleistet werden.

Abschließend ist noch anzumerken, dass sich KODIZ zu der Gruppe der psychologischen bzw. sozialwissenschaftlichen Testverfahren zählen lässt, und deshalb hier die gleichen Gütekriterien gelten. Im Detail handelt es sich um Objektivität, Reliabilität und Validität. Nur wenn diese Kriterien zusätzlich erfüllt sind, lässt sich von einem professionellen und sinnvollen Prüfverfahren sprechen.

Einsendeaufgabe 2

Anhand eines Beispiels soll erläutert werden, worauf eine erwachsenendidaktisch wirksame Inszenierung geeigneter Lernarrangements in besonderer Weise Bezug nehmen sollte und wie Haltungsbildung besonders gefördert werden kann.

Lösung

Jeder Mensch kommt bereits mit emotionalen „Veranlagungen" auf die Welt, die im Laufe des Lebens durch Erfahrungen und die daraus resultierenden Glaubensmustern bzw. Überzeugungen ergänzt werden. Aus all dem zusammen entsteht u.a. die innere Haltung. Das bedeutet also, Menschen entwickeln in einem frühen Bindungserleben ihre Selbststeuerungs- und Handlungsfähigkeit, deren Leitsätze sie im Laufe ihres Lebens durchformen und ausgestalten.[4]

Menschen sind aber keinesfalls Sklaven ihrer Gene. Die Persönlichkeit ist kein auf Vererbung beruhendes Gebilde, an dem sie nichts ändern können - ganz im Gegenteil - durch Erkunden der eigenen Denkgewohnheiten, Gefühle und Verhaltensweisen können sich Menschen selbst und ihre Perspektiven ändern.

Sie sind lebende Wesen, die ihre Identität ständig neu erschaffen können, entweder durch Verbleib in Vertrautem (Komfortzone) oder in Form einer Veränderung und Ausweitung vorhandener Ressourcen. Die „innere Haltung" ist auf Denkmuster gegründet, die hinterfragt werden können. Allerdings haben Menschen „[...] lediglich einen Zugang zu den eigenen Formen der Wahrnehmung und Beurteilung. Nur diese können sie verändern, vorausgesetzt, sie sehen einen Sinn und Wert darin, sich von diesen zu trennen [...]."[5]

Tiefgreifende Veränderungen (und hier ist explizit tiefgreifendes Veränderungslernen gemeint) können (kann) diesbezüglich nicht alleine durch kognitive Lernprozesse gelingen. Vielmehr ist eine emotionale Labilisierung nötig, die z.B. durch Krisenerfahrungen hervorgerufen werden kann. Unterstützend wirkt hier eine professionell angebahnte und begleitende emotionale Kompetenzreifung.[6] Haltungsbildung kann in dem Zusammenhang bei Menschen ein Bewusstsein aktivieren, welches sie dazu befähigt, eigene Denkprozesse aktiv in die Hand zu nehmen und sich ihrer inneren Selbstfabrikation von Situationsdeutungen bewusst zu werden.

[4] vgl. Arnold, Rolf, „Weiterlernen als Lebensform - Zwischen Entgrenzung und Emotionalität", Seite 27.
[5] Arnold, Rolf, „Weiterlernen als Lebensform - Zwischen Entgrenzung und Emotionalität", Seite 27.
[6] vgl. Arnold, Rolf, „Weiterlernen als Lebensform - Zwischen Entgrenzung und Emotionalität", Seite 28.

Wie oben bereits angemerkt, ist die Herausarbeitung der Persönlichkeit ein permanenter Anpassungs- und Entwicklungsprozess. Er ist eine lebenslange Auseinandersetzung zwischen dem Selbst und der Umwelt und ist gekennzeichnet durch gleichzeitiger Anpassung und Widerstand, stetigem „Festhalten" und „Loslassen". Um die unterstützende Haltungsbildung möglichst effektiv zu gestalten, ist es notwendig zu wissen, auf welcher Entwicklungsstufe des Selbst sich die jeweilige Person befindet.

„Professionelle Kompetenzen zum gestaltenden Umgang können von Menschen, die nur kulturell angepasst, aber nicht kulturell loslassend denken, fühlen und handeln können, kaum wirklich entwickelt werden. Am Anfang einer solchen Kompetenzentwicklung steht deshalb die Frage nach der Entwicklungsstufe, auf der die Lernenden innerlich verharren und das Bemühen um eine Transformation zu einem nicht nur angepassten, sondern auch gestaltenden Ich."[7]

Damit Haltungsbildung überhaupt greifen und eine Transformation gelingen kann, ist eine innere Offenheit und Flexibilität des Lernenden eine zwingende Voraussetzung. Nur dann können diese „[...] ihre Fähigkeit stärken, das kulturell sie Festlegende und Einengende loszulassen und eine neue Form des Denkens, Urteilens und Sprechens [...] üben."[8] Dieser Öffnungsprozess ist von grundlegender Bedeutung für eine professionelle Dimension einer Haltungsbildung.

Am Beispiel Globalisierung und Individualisierung der Gesellschaften lassen sich Konsequenzen für eine gelingende Haltungsbildung erläutern. Die globale Arbeitsteilung und steigende Migrationstendenzen in ihren verschiedenen Formen lassen Menschen immer häufiger in (ihnen) fremde Situationen geraten. Auch die Flexibilisierung von Arbeitsverhältnissen, die Auflösung traditioneller Milieus und der damit einhergehende Wertewandel innerhalb von Gesellschaften lassen „Normalbiografien" mehr und mehr verschwinden. Die Folge ist eine fortwährende individuelle, flexible und selbstverantwortliche Neugestaltung der eigenen Biografie. Angesichte des daraus entstehenden lokalen und globalen Bedürfnisses nach Orientierung und Sicherheit stellt sich die Frage, was zur gelingenden Alltagsbewältigung vermittelt werden muss und wie dies geschehen soll? Jürgen Habermas spricht in dem Zusammenhang von „Ambiguitätstoleranz", also der Fähigkeit, Ungewissheiten, widersprüchliche Rollenerwartungen und Situationen aushalten zu können. Allgemein könnte man sagen, es müssen Kompetenzen vermittelt werden, die die Handlungsfähigkeit von Menschen in fremden Situationen möglich machen.[9]

---

[7] Arnold, Rolf, „Weiterlernen als Lebensform - Zwischen Entgrenzung und Emotionalität", Seite 31.
[8] Arnold, Rolf, „Weiterlernen als Lebensform - Zwischen Entgrenzung und Emotionalität", Seite 31.
[9] vgl. Klawe, Willy, Seite 1-3.

Zur Herausarbeitung und Festigung solcher Haltungen kann die Erwachsenenbildung beitragen. Sei es durch die „Förderung der Ich-Stärke, durch die die TeilnehmerInnen befähigt werden, eigene Entscheidungen bewusst und selbstbestimmt zu fällen, sich mit gesellschaftlichen Normen auseinander zu setzen, selbstbestimmt soziale Verpflichtungen einzugehen und kritikfähig eigenem Verhalten gegenüber zu sein,"[10] oder durch die „Vermittlung von Zusammenhängen und Erfahrungen, die die Einsicht fördern, dass individuelle Lebenslagen prinzipiell gestalt- und veränderbar sind, Konflikte nicht nur individuell, sondern auch strukturell bedingt sein können, politische Beteiligung möglich und für Veränderungsprozesse notwendig ist."[11] Nicht zuletzt kann wirksame Haltungsbildung Bezug nehmen auf die „Vermittlung kommunikativer Fähigkeiten, die TeilnehmerInnen befähigen, ihre Wahrnehmung und Deutung der Wirklichkeit zu überprüfen, eigene Gefühle, Bedürfnisse und Interessen ausdrücken zu können, sich mit Gruppenprozessen und Herrschaftsstrukturen auseinander setzen zu lernen."[12]

Erwachsendidaktisch wirksame Lernarrangements müssen aber im Besonderen auch darauf Rücksicht nehmen, dass für Lernende nur das Wissen von Bedeutung ist, das für sie anschlussfähig ist, sich also in ihre biografischen Strukturen integrieren lässt. Das bedeutet für die Haltungsbildung, sie muss sich an den Biografien der Subjekte orientieren und deren individuelle Lernanlässe hinterfragen.

„In so strukturierten Lernprozessen werden nicht Gewissheiten und (scheinbar) objektive Inhalte und Deutungsmuster vermittelt, sondern vielgestaltige und anregende Lernarrangements und -prozesse initiiert, die Distanz- und Differenzerfahrungen der TeilnehmerInnen ermöglichen und fördern. PädagogInnen intervenieren dabei vor allem durch die Herstellung von Perspektivenvielfalt und Perspektivenverfremdung, d.h. durch ein möglichst breites Angebot provozierender, weiterführender und in-Frage-stellender alternativer Sichtweisen. Ein spielerischer Umgang mit unterschiedlichen Rollen, die ständige Aufforderung zum Perspektivwechsel und spielpädagogische Ansätze rücken als methodisches Instrumentarium dabei stärker in den Vordergrund."[13]

Und je besser dies gelingt, umso erfolgreicher können Lernende den Radius ihres Selbstwirksamkeitserlebens erweitern und ihre emotionalen Anfangseinspurungen überwinden.

---

[10] Klawe, Willy, Seite 3.
[11] Klawe, Willy, Seite 4.
[12] Klawe, Willy, Seite 4.
[13] Klawe, Willy, Seite 5.

Einsendeaufgabe 3

Welche gesellschaftlichen Entwicklungen existieren, die den individuellen Wunsch fördern, sich immer wieder neu zu qualifizieren zu wollen und was veranlasst Menschen dazu, an Weiterbildungsveranstaltungen teilzunehmen?

Lösung

Es ist zunächst zu vermuten, dass die permanente Weiterbildung (und damit einhergehende Weiterentwicklung) beim Menschen gentechnisch verankert ist. Denn der Mensch hat (auch anthropologisch betrachtet) nur deshalb überlebt, weil er lernfähig ist, weil er sich im Laufe der Jahrtausende immer wieder an unterschiedliche Umgebungen anpassen konnte.

Wenn man in dem Zusammenhang davon ausgeht, dass Bildung auch zur Befriedigung von Neugier dient und damit ein Merkmal und Bedürfnis des Menschlichen ist, dann kann zur Erklärung der damit verbundenen Bildungsmotivationen und der Teilnahme an Weiterbildungsveranstaltungen die Maslowsche Bedürfnispyramide herangezogen werden. Denn „Maslow geht davon aus, dass „gesunde" Menschen das Bedürfnis verspüren, sich „höher zu entwickeln" und sich selbst zu verwirklichen."[14] Die Stufen der Maslowsche Bedürfnispyramide lassen sich demnach durchaus auch pädagogisch interpretieren, wenn auch nicht alle mit der gleichen Gewichtung und Eindeutigkeit.

Das Sicherheitsbedürfnis (auf der zweiten Stufe der Maslowsche Hierarchie) wird durch den Umstand bildungspraktisch relevant, weil Menschen in und durch die Erwachsenenbildung Stabilität, Verlässlich- und Verbindlichkeit suchen. Diese Begriffe lösen sich durch die Veränderung und Erosion traditioneller gesellschaftlicher Werte mehr und mehr auf, was zu Verunsicherung führt. Auch die Befriedigung des Sozialbedürfnisses, das Interesse an Selbstinszenierung und das Bedürfnis nach Selbstverwirklichung (Stufe drei bis fünf der Maslowschen Bedürfnispyramide) lassen sich pädagogisch und bildungspraktisch ausdeuten. So kann zum einen der Wunsch nach neuen Bezugsgruppen erfüllt werden (die Auflösung der Normalbiografien fördert Entwurzelung und Einsamkeit), gleichzeitig aber auch das Selbstdarstellungs- und Profilierungsbemühen befriedigt werden. Und bei dem Bedürfnis nach Selbstverwirklichung (Individualisierung) geht es den Weiterbildungsmotivierten in erste Linie um den Ausbau und die Aufbereitung der eigenen Möglichkeiten. Schließlich kann auch das Bedürfnis nach kognitiver Erfassung der Welt, ein Grund dafür sein, dass Menschen an Weiterbildungsveranstaltungen teilnehmen.[15] Die genannten Bedürfnistaxonomien können

---

[14] Siebert, Horst, „Menschenbild und Bildungsanspruch", Seite 46.
[15] vgl. Siebert, Horst, „Menschenbild und Bildungsanspruch", Seite 47-48.

Gründe für Weiterbildungsmotivationen sein. Sie treten dabei einzeln oder aber auch in einer mehr oder weniger gewichteten Mischform auf.

Nach dieser sehr auf das Individuum bezogenen Sicht auf Bildungsmotivationen sollen im Folgenden auch ökonomische und gesellschaftliche Entwicklungen betrachtet werden, die dazu führen können, dass Menschen den Wunsch entwickeln, sich immer wieder neu qualifizieren zu wollen (oder zu müssen).

Die globale Orientierung der Unternehmen und die weltweite Erschließung der Märkte hat für Mitarbeiter aller Hierarchieebenen zur Folge, dass sie fachlich, sprachlich und kulturell anders qualifiziert sein müssen. Neben der sprachlichen (zur korrekten Verständigung) kann der interkulturellen Qualifikation die vermutlich gewichtigste Rolle zugeschrieben werden. Bei sich annähernden Qualitäten der Produkte und Dienstleistungen macht das Einhalten der länderspezifisch kulturellen Regeln bei den konkurrierenden Unternehmen möglicherweise den feinen Unterschied beim Kunden aus. Die entsprechend motivierte Teilnahme an Weiterbildungsmaßnahmen sichert nicht nur dem Unternehmen die Marktposition, sie trägt auch dazu bei, den eigenen Arbeitsplatz zu sichern. Der Globalisierungseffekt zeigt sich hier bereits auch bei Studierenden (vor dem Berufseinstieg). Mehr und mehr international ausgerichtete Hochschulen und Studiengänge haben zur Folge, dass es zunehmend zur Regel wird, dass Studierende ein oder mehrere Semester an einer ausländischen Hochschule verbringen.[16]

Konkurrenzsituationen entstehen aber nicht nur in globalen Dimensionen. Auch lokal (sei es in einem Unternehmen oder an einer Hochschule) gibt es Verteilungskämpfe um Arbeits-, Studien- und Praktikumsplätze. Hier geht es darum, systemisch erworbene Qualifikationen und Fachlichkeit nachzuweisen, mit denen man sich möglichst von den Mitbewerbern positiv absetzt. Neben der angesprochenen Fachlichkeit rücken hier auch immer mehr die sogenannten Soft Skills in den Vordergrund, die zu beherrschen sind. Da die o.a. Qualifikationen aber immer schneller an Wert verlieren (z.B. durch die sich immer rapider ausdifferenzierenden Arbeitsfelder), ist es nötig, sich immer wieder neu zu qualifizieren, um nicht einem Selektionsprozess zum Opfer zu fallen.[17]

Obwohl die Individualisierung schon im Kontext der Maslowsche Hierarchie betrachtet wurde (wobei der Fokus auf der Ebene der Bedürfnisse lag), soll an dieser Stelle die zunehmende Bedeutung der Individualisierung im Kontext der Gesellschaft betrachtet werden, in der ein Mensch lebt. Die Auflösung traditioneller gesellschaftlicher Strukturen hat zur Folge, dass den Menschen ein größeres Maß an individueller Freiheit zur

---

[16] vgl. Müller-Commichau, Wolfgang, „Grundlagen, Tendenzen und Optionen der Weiterbildungspolitik: Vom Recht auf Weiterbildung zum Lebenslangen Lernen", Seite 10.
[17] vgl. Müller-Commichau, Wolfgang, „Grundlagen, Tendenzen und Optionen der Weiterbildungspolitik: Vom Recht auf Weiterbildung zum Lebenslangen Lernen", Seite 12.

Verfügung steht, mit dem sie ihr Leben gestalten können (beruflich wie privat). Mit steigender Freiheit nimmt aber auch die Orientierungsunsicherheit zu. Man muss ständig an unterschiedlichen Orten Entscheidungen treffen und zwischen Alternativen wählen und dabei Unsicherheit und Ungewissheit aushalten, ob das Gewünschte auch tatsächlich eintritt. Hier entsteht ein gesellschaftlicher Weiterbildungsbedarf mit dem Wunsch nach Sachwissen und das Bedürfnis nach Entscheidungssicherheit, um die notwendige Ambiguitätstoleranz zu schulen.[18]

Die Bedeutung von Weiterbildungsveranstaltungen für den Einzelnen zeigt sich aber auch beim Thema (gesellschaftlicher) Ausgrenzung. Zum Beispiel werden Menschen aufgrund fehlender kultureller Kenntnisse und Anpassungen aus sozialen Kontexten exkludiert. Auch eine fehlende Verstehens- und Sprachfähigkeit kann tendenziell zu Ausgrenzungen (zumindest aus gewissen Segmenten der Gesellschaft) führen. Auch beispielsweise eine Lese- und Schreibunfähigkeit kann darüber hinaus zu beruflichen Sanktionen führen, die in extremer Form in Arbeitslosigkeit enden und dadurch weitere gesellschaftliche Konsequenzen zur Folge haben können. Entsprechende Qualifikationen durch Weiterbildungen helfen den betroffenen Menschen dabei, ihren Status zu verbessern und einer Ausgrenzung zuvor zu kommen oder diese sogar rückgängig zu machen.[19]

Neben der oben angesprochenen Arbeitslosigkeit können auch weitere persönliche Extremsituationen (z.B. Armut) dazu führen, dass Menschen an Weiterbildungsveranstaltungen teilnehmen und sich veranlasst sehen, sich (neu) zu qualifizieren. Oft sind es aber auch erst genau diese krisenhaften Erscheinungen, die dazu führen, dass sich Menschen Gedanken über ihre eigenen Kompetenzen machen und sich (bei einer eher pessimistischen Einschätzung ihrer Chancen auf dem Arbeitsmarkt) zu einer Weiterqualifikation entscheiden. Es zeigt sich, dass Menschen in ökonomisch prekären Situationen (Krisensituationen) sogar bereit sind, mehr eigene finanzielle Mittel in Weiterbildung zu investieren, als man annehmen könnte. Aber auch die Agentur für Arbeit (und ähnliche Institutionen) haben durch unterschiedliche Programme die Möglichkeit, Weiterbildungsbedürftige und -willige finanziell zu unterstützen. Im Extremfall besitzen diese Einrichtungen sogar Instrumente, um Weiterbildungsverweigerer zu zwingen an entsprechenden Veranstaltungen teilzunehmen.[20]

---

[18] vgl. Müller-Commichau, Wolfgang, „Grundlagen, Tendenzen und Optionen der Weiterbildungspolitik: Vom Recht auf Weiterbildung zum Lebenslangen Lernen", Seite 14.
[19] vgl. Müller-Commichau, Wolfgang, „Grundlagen, Tendenzen und Optionen der Weiterbildungspolitik: Vom Recht auf Weiterbildung zum Lebenslangen Lernen", Seite 15 & 16.
[20] vgl. Müller-Commichau, Wolfgang, „Grundlagen, Tendenzen und Optionen der Weiterbildungspolitik: Vom Recht auf Weiterbildung zum Lebenslangen Lernen", Seite 17.

„Die Motivation [...] besteht aus einem Geflecht unterschiedlicher Faktoren und Tendenzen, aus Bedürfnissen und Trieben, aus früheren Erfahrungen und Erfolgserlebnissen, aus Zukunftshoffnungen, aus Anregungen und Erwartungen des sozialen Umfeldes, aus Erfordernissen der Arbeitswelt, auch aus dem eigenen Anspruchsniveau und dem Selbstbild."[21]

---

[21] Siebert, Horst, „Menschenbild und Bildungsanspruch", Seite 61.

Einsendeaufgabe 4

Bildungsarbeit der Holiday GmbH:

Die in der Touristikbranche angesiedelte Holiday GmbH hat als mittelständisches Unternehmen 126 Büros in Deutschland und vermittelt vor allem Flugreisen (75% Anteil am Umsatz), führt aber auch Reisen als Veranstalter durch (17%). Die Holiday GmbH unterhält zudem 9 Stützpunkte in Ferienzentren des europäischen Auslands in denen örtliche Reiseleitungen angeboten werden. Teil des Unternehmens ist ebenfalls ein kleiner Verlag, der touristische Bücher herausgibt und deren Autoren in der Regel unternehmenseigene Mitarbeiter sind.

Die Geschäftsführung der Holiday GmbH hat die Unternehmensberatungsfirma Consult GmbH damit beauftragt, das Unternehmen zu durchleuchten und Schwachstellen im organisatorischen und personellen Bereich festzustellen/aufzudecken. Grund hierfür war der verstärkte Wettbewerb in der Touristikbranche, Umsatzrückgänge in der Vermittlung von Flugreisen (-4,7%) und die Überzeugung, dass nur eine langfristige strategische Planung die Holiday GmbH am Markt halten kann.

Für den Weiterbildungsbereich wurden dabei folgende neue Schwerpunktsetzungen erarbeitet:

1. Ausbau und qualitative Verbesserung der Ausbildung.
2. Entwicklung und Durchführung eines Seminarprogramms, in dem ständige Bildungsbedarfe der Mitarbeiter abgedeckt werden.
3. Entwicklung von Instrumenten einer ständigen Bildungsbedarfserfassung in den einzelnen Geschäftsbereichen und Anbieten von problem- und adressatenspezifischen Maßnahmen.
4. Entwicklung von Führungskräftenachwuchs für die erste Führungsebene im In- und Ausland.
5. Erarbeitung eines Personalentwicklungskonzeptes unter Einbeziehung der Führungskräfte.

Die Weiterbildungsabteilung der Holiday GmbH besteht derzeit aus Herrn Bauer (Leiter und gelernter Berufspädagoge), Frau Seibold (Personalsachbearbeiterin, kümmert sich um die 15 Auszubildenden und die Organisationsarbeit) und Herrn Sperber, der verschiedene Seminare und Trainings des Unternehmens selbst durchführt und sich darum kümmert, wenn Mitarbeiter Seminare externer Anbieter besuchen wollen. Durch die Beauftragung der Consult GmbH kommen damit nicht nur neue Aufgaben auf die Mitarbeiter der Weiterbildungsabteilung zu, zudem wurden auch zwei neue Planstellen für die Umsetzung der neuen Schwerpunkte genehmigt.

1. Entwickeln Sie eine mögliche Aufgabenverteilung in der Abteilung „Weiterbildung" auf der Basis von einer Leiterstelle und vier Mitarbeiterstellen.

2. Entwickeln Sie Anforderungsprofile für die entworfenen Stellen. Welche Anforderungen müssen die Mitarbeiter erfüllen in Bezug auf Fach- und Methodenkompetenz, Sozialkompetenz und Managementkompetenz?

Lösung

Die neu strukturierte Weiterbildungsabteilung der Holiday GmbH soll zukünftig aus fünf statt drei Mitarbeitern bestehen, d.h., diese fünf Beschäftigten bilden gleichzeitig auch das Kernpersonal des Weiterbildungsbereichs. Aufgrund der strukturellen Umbesetzung/Umorganisation und der langfristigen strategischen Neuausrichtung der Weiterbildungsabteilung ist (voraussichtlich) mit einer Position besonders sensibel umzugehen. Dies betrifft die Abteilungsleitung der neu gestalteten Struktur. Es erscheint aus Unternehmenssicht sinnvoll (Empfehlung der Consult GmbH), Herrn Bauer (den bisherigen Leiter der Weiterbildungsabteilung) zwar weiter in einer leitenden Position zu belassen, ihn aber nicht weiter mit der direkten Führung der gesamten Abteilung zu betrauen. Um eine dynamische Neuausrichtung zu gewährleisten und „frischen Wind" in die Weiterbildungsarbeit zu bringen, empfiehlt die Consult GmbH einen neuen Kopf zu installieren. Gleichzeitig soll aber die Expertise und die langjährige Erfahrung von Herrn Bauer im Sinne der Holiday GmbH gesichert werden. Diese Veränderung ist mit Herrn Bauer sensibel zu besprechen, aber im gemeinsamen Konsens umzusetzen. Die beiden anderen bisherigen Mitarbeiter (Frau Seibold und Herr Sperber) werden zukünftig mit vergleichbaren Aufgaben betraut, weshalb davon auszugehen ist, dass es sich bei der Umstrukturierung eher um unkritische Veränderungen handeln wird. Wie die fünf Positionen im Detail aussehen werden, wird im Folgenden weiter ausdifferenziert.

Zunächst soll aber noch auf das periphere Personal eingegangen werden, das die Weiterbildungsabteilung der Holiday GmbH in ihrer Arbeit unterstützen wird. Da der Weiterbildungsbereich des Unternehmens für dessen Größe, dessen fachlicher Breite und der breiten geografischen Streuung recht klein ist, ist es aus strategischer Sicht notwendig, sowohl auf weiteres internes Personal (aus anderen Abteilungen) als auch auf externe Trainer zurück zu greifen und diese in die Weiterbildungsarbeit einzubeziehen. Dies entlastet nicht nur das Kernpersonal (fachlich und organisatorisch), sondern bringt auch Expertise und Erfahrungen „von außen" mit in die Weiterbildung und Personalentwicklung, was aufgrund des starken Branchenwettbewerbs ein großer strategischer Vorteil sein kann. Auch eine höhere fachliche Akzeptanz und ein größerer praktischer Bezug kann somit sichergestellt werden.

Im Folgenden werden nun die fünf (neuen) Stellen der Weiterbildungsabteilung der Holiday GmbH dargestellt:

Abteilungsleiter/Bildungsmanager:

Die Stelle sollte (wie eingangs beschrieben) neu besetzt werden. Hier wäre eine Person einzustellen, die idealerweise ein abgeschlossenes sozial- oder wirtschaftswissenschaftliches Studium vorzuweisen hat. Sie sollte zudem eine mehrjährige Berufserfahrung im Bereich Weiterbildung und/oder Personalentwicklung haben. Und da mit dieser Position die umfassende Führung der Weiterbildungsabteilung (inkl. aller Mitarbeiter) verbunden ist und sie zudem das Abteilungsbudget und das damit verbundene Controlling zu verantworten hat, sind des Weiteren sehr hohe Führungs-, Management- und Sozialkompetenzen anzusetzen. Da der Abteilungsleiter/Bildungsmanager keine eigenen Schulungen durchführen wird, ist hier eine eher mittlere Methodenkompetenz und eine niedrige Fachkompetenz anzusetzen. Von den neuen Schwerpunktsetzungen ist hier der erste Punkt (Erarbeitung eines Personalentwicklungskonzeptes unter Einbeziehung der Führungskräfte) am sinnvollsten zuzuordnen. Zur Stellenbeschreibung gehört zudem die unternehmensweite Repräsentation der Weiterbildungsabteilung und die strategische und planerische Zusammenarbeit mit der Geschäftsleitung.

Leiter der Weiterbildung:

Die Consult GmbH empfiehlt, diese Stelle mit dem bisherigen Leiter der Weiterbildung (Herrn Bauer) zu besetzen. Seine unternehmensinternen Kenntnisse und seine diesbezüglichen Erfahrungen sind an dieser Position von großem Vorteil. Er soll zukünftig mit seiner Expertise die Weiterbildungsaktivitäten der Abteilung steuern, koordinieren und evaluieren und zudem für das unternehmensinterne/unternehmensweite Bildungsmarketing zuständig sein. Des Weiteren ist zu empfehlen, dass die Vertretung des Abteilungsleiters in seine Stellenbeschreibung aufgenommen wird. Das neue Schwerpunktthema Nummer 2 (Entwicklung von Führungskräftenachwuchs für die erste Führungsebene im In- und Ausland) wird zukünftig ebenfalls in seinen Verantwortungsbereich fallen. In dem Zusammenhang erfordert diese Stelle eine sehr hohe Sozialkompetenz und zudem eine hohe (aber nicht sehr hohe) Führungs- und Managementkompetenz. Da Herr Bauer auch weiterhin keine eigenen Schulungen durchführen und leiten wird, können Methoden- und Fachkompetenz eher auf einem mittleren Level angesetzt werden.

Schulungsleiter & Fachtrainer:

Diese Position sollte mit Herrn Sperber besetzt werden. Auch er besitzt unternehmensinterne Kenntnisse und Erfahrungen, die bei der praktischen Ausgestaltung dieser Stelle vorteilhaft sind. Durch seine bisherige Tätigkeit konnte er (davon kann ausgegangen werden) Teilanforderungen dieser Position (sehr hohe Fachkompetenz & pädagogische Neigung und Eignung) über einen längeren Zeitraum nachweisen. Zudem erforderliche sehr hohe Methoden- und Sozialkompetenzen können bei Herrn Sperber vermutlich ebenfalls angenommen werden. Inhaltlich ist ihm zukünftig die Koordination des peripheren Personals und die von diesen durchzuführenden (Fach)Schulungen zu übertragen. Auch die Entwicklung und Durchführung eines Seminarprogramms, in dem ständig Bildungsbedarfe der Mitarbeiter abgedeckt werden und die Entwicklung von Instrumenten einer ständigen Bildungsbedarfserfassung in den einzelnen Geschäftsbereichen und das Anbieten von problem- und adressaten-spezifischen Maßnahmen (Schwerpunktsetzungen 3 & 4) gehören sinnvollerweise zum Aufgabengebiet dieser Stelle. Durch die eher weniger ausgeprägten Führungsanforderungen dieser Position werden hier nur geringe Führungs- und Managementkompetenzen erwartet.

Trainer:

Diese Position ist mit einer Person neu zu besetzen, die eine mehrjährige Berufserfahrung als Trainer vorzuweisen hat. Sie sollte idealerweise fundierte Produkt- und Branchenkenntnisse in der Touristik- und/oder Verlagsbranche besitzen, sich aber auch in fachübergreifenden Fortbildungsthemen (z.B. Führungstechniken etc.) auskennen. Der vorgesehene Einsatz als Trainer erfordert (ähnlich wie die Stelle von Herrn Sperber) eine sehr hohe Methoden- und (wie oben schon angesprochen) Fachkompetenz. Diese Stelle erfordert zudem eine ausgeprägte pädagogische Neigung und Eignung. Inhaltlich ist diese Position mit Schwerpunktthema 3 (Entwicklung und Durchführung eines Seminarprogramms, in dem ständige Bildungsbedarfe der Mitarbeiter abgedeckt werden) zu besetzen, was wiederum eine hohe Sozialkompetenz erfordert aber einen geringen Fokus auf die Führungs- und Managementkompetenz legt. Des Weiteren könnte durch den neuen Mitarbeiter die Vertretung von Herrn Sperber sichergestellt werden.

Personalsachbearbeiterin & Ausbildungsbetreuung/-koordination:

Für diese Stelle ist idealerweise Frau Seibold vorzusehen. Auch ihre Kenntnisse und Erfahrungen in der Organisationsarbeit, als Personalsachbearbeiterin und bei der Betreuung der Auszubildenden können hier im Sinne der weiteren Entwicklung des Gesamtunternehmens gewinnbringend eingesetzt werden. An ihren Aufgabenschwerpunkten wird sich künftig nichts Grundlegendes ändern. Neben der Personalsachbearbeitung und der Betreuung der Auszubilden wird hier aber in jedem Fall Schwerpunktthema 5 (Ausbau und qualitative Verbesserung der Ausbildung) eine verstärkte Rolle spielen. Hier wäre eine zentrale und damit umstrukturierte Organisation und Planung der Auszubildenden und deren fachliche Einsätze in Zusammenarbeit mit allen Fachabteilungen denkbar, was eine sehr hohe Sozialkompetenz erfordert. Wohl aber erfordert diese Korrektur nur eine (mindestens) mittlere Führungs- und Managementkompetenz. Methoden- und Fachkompetenzen sind dagegen eher mit einer geringen Anforderung belegt.

Literaturverzeichnis

Arnold, R. (2015). Weiterlernen als Lebensform - Zwischen Entgrenzung und Emotionalität. Studienbrief EB 0210 des Master-Fernstudiengangs der TU Kaiserslautern. Unveröffentlichtes Manuskript. Kaiserslautern.

Klawe, W., Globalisierung, Individualisierung und ihre Konsequenzen für die (politische) Erwachsenenbildung. Online verfügbar unter http://www.shnetz.de/klawe/pdf/ Referat_Globalisierung.PDF *(abgerufen am 19.02.2017)*.

Müller-Commichau, W. (2011). Grundlagen, Tendenzen und Optionen der Weiterbildungspolitik: Vom Recht auf Weiterbildung zum Lebenslangen Lernen. Studienbrief EB 0220 des Master-Fernstudiengangs der TU Kaiserslautern. Unveröffentlichtes Manuskript. Kaiserslautern.

Siebert, H. (2015). Menschenbild und Bildungsanspruch. Studienbrief EB 0310 des Master-Fernstudiengangs der TU Kaiserslautern. Unveröffentlichtes Manuskript. Kaiserslautern.

Wittwer, W., Mersch, A. (2013). Professionalität und Qualität. Studienbrief EB 0230 des Master-Fernstudiengangs der TU Kaiserslautern. Unveröffentlichtes Manuskript. Kaiserslautern.